Waldir Azevedo
o mestre do cavaquinho

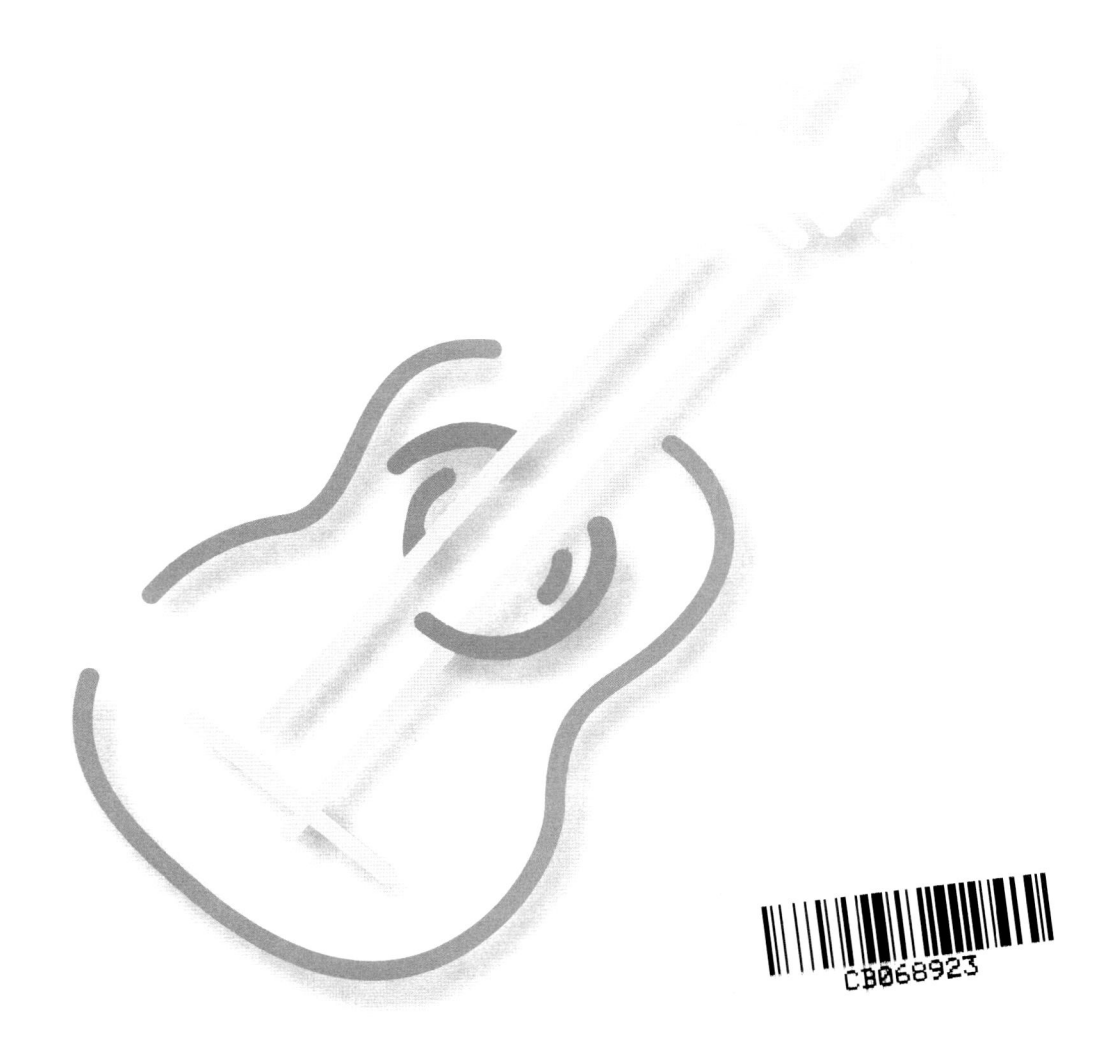

melodias cifradas

Nº Cat.: 318-A

Irmãos Vitale S.A. Indústria e Comércio
www.vitale.com.br
Rua França Pinto, 42 Vila Mariana São Paulo SP
CEP: 04016-000 Tel.: 11 5081-9499 Fax: 11 5574-7388

© Copyright 2000 by Todamerica Edições Ltda. - Rio de Janeiro - Brasil
Todos os direitos autorais reservados para todos os países. *All rights reserved.*

Créditos

Editoração computadorizada das partituras
Maestro Ely Arcoverde

Introdução
Marcus Veras

Dados biográficos
Jairo Severiano

Transcrição das músicas
Maestro Ely Arcoverde

Design gráfico
Eclipse Publicações

Editoração e arte
Ana Amélia Erthal

Produção
Todamérica Edições Ltda.

Agradecimentos especiais
Olinda Barbosa Azevedo

Diagramação
Maurício Biscaia Veiga

Coordenação editorial
Roberto Votta

Produção executiva
Fernando Vitale

CIP-BRASIL. CATALOGAÇÃO NA FONTE
SINDICATO NACIONAL DOS EDITORES DE LIVROS - RJ.

A989m

Azevedo, Waldir, 1923-1980
　Waldir Azevedo : o mestre do cavaquinho : melodias cifradas / Waldir Azevedo. - São Paulo : Irmãos Vitale, 2011.
　44p. : il., principalmente música, retrs.

Contém dados biográficos
ISBN 978-85-7407-329-3

1. Azevedo, Wadir de, 1923-1980.
2. Cavaquinho - Instrução e estudo.
3. Cavaquinho - Métodos.
4. Choro (Música).
5. Partituras.
　I. Título.

11-2546.　　　　　　　　　　　　　　　　　　　　CDD: 787.3
　　　　　　　　　　　　　　　　　　　　　　　　　CDU: 780.614.333

06.05.11　　　　　　　09.05.11　　　　　　　026225

Índice

Introdução _____ 5

Dados Biográficos _____ 7

Músicas

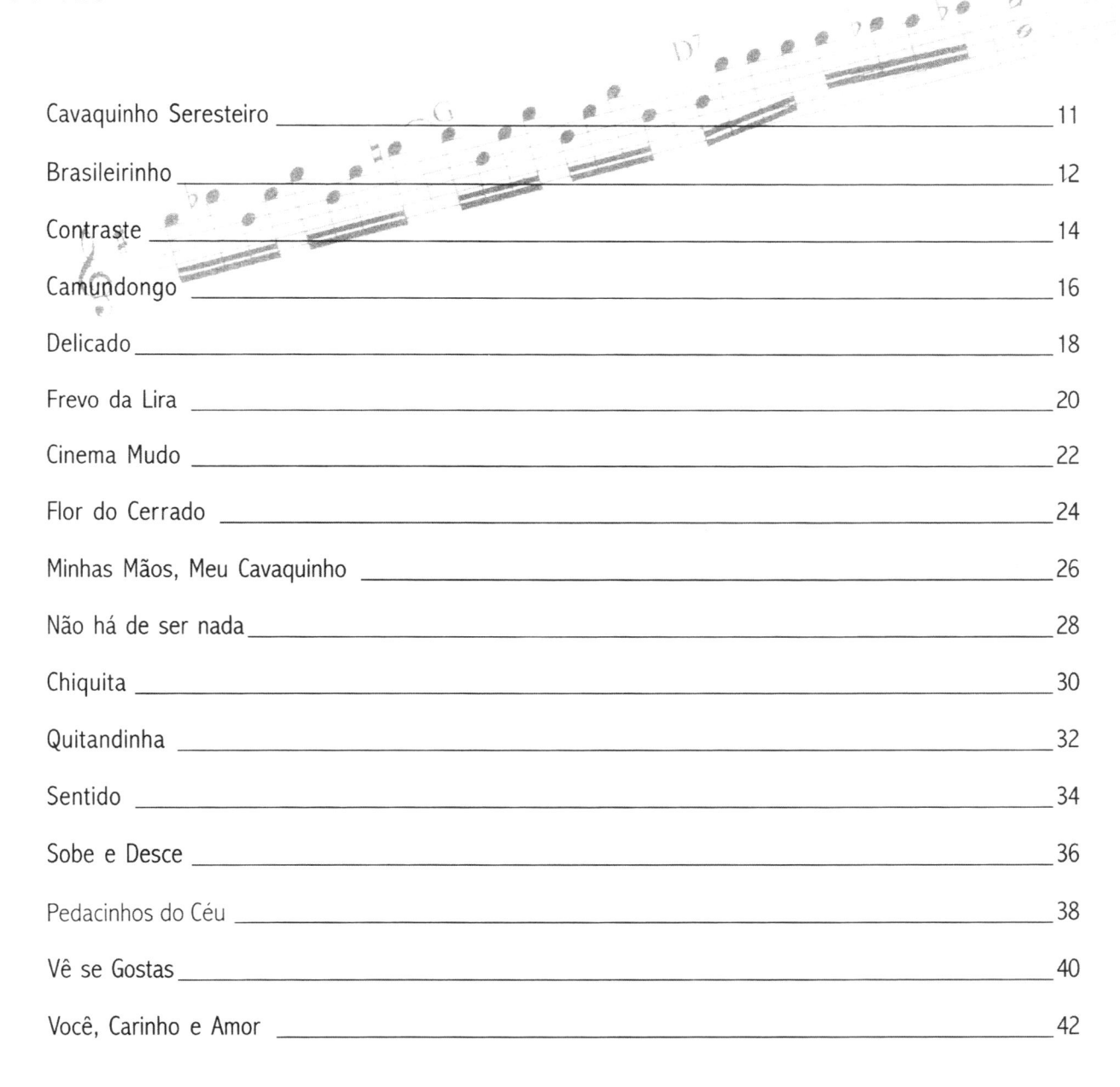

Cavaquinho Seresteiro _____ 11

Brasileirinho _____ 12

Contraste _____ 14

Camundongo _____ 16

Delicado _____ 18

Frevo da Lira _____ 20

Cinema Mudo _____ 22

Flor do Cerrado _____ 24

Minhas Mãos, Meu Cavaquinho _____ 26

Não há de ser nada _____ 28

Chiquita _____ 30

Quitandinha _____ 32

Sentido _____ 34

Sobe e Desce _____ 36

Pedacinhos do Céu _____ 38

Vê se Gostas _____ 40

Você, Carinho e Amor _____ 42

Introdução

por Marcus Veras

Ao completar cinqüenta e cinco anos de existência, a Editora Todamérica decidiu se conectar ao futuro usando seu bem mais precioso: o passado. E esse trabalho de resgate começa pelo lançamento de "Waldir Azevedo - O mestre do cavaquinho", o primeiro volume de uma série de songbooks que vai mapear - e às vezes revelar - a obra de um dos mais geniais autores e instrumentistas brasileiros. A escolha de Waldir Azevedo para iniciar este trabalho está ligada a outra data importante - neste ano de 2000, "Brasileirinho" e "Delicado", dois de seus maiores sucessos, completam cinqüenta anos de edição.

A reimpressão da obra de Waldir atende a uma antiga reivindicação dos músicos, pois as partituras originais continham problemas técnicos que foram corrigidos pelo maestro Ely Arcoverde. Desta forma, não só os estudantes de cavaquinho encontrarão registros fiéis da obra de Waldir, bem como outros músicos poderão interpretá-la corretamente. Este primeiro volume traz dezessete temas, com destaque para "Brasileirinho", "Pedacinhos do Céu", "Vê se gostas" e "Delicado", além de "Não Há de Ser Nada" e "Cinema Mudo", que nunca foram gravados.

Certamente vai aumentar a galeria de fãs de Waldir, que conta com admiradores no Japão, Áustria, Alemanha, Itália, Holanda e Estados Unidos entre outros países. Além da admiração de artistas tão diferentes como Ademilde Fonseca, Glenn Miller, Percy Faith, Pepeu Gomes, Raphael Rabello, Marina Lima, Xavier Cugat, Moraes Moreira, Wagner Tiso, The Drifters e muitos outros que gravaram suas composições.

Com "Waldir Azevedo - O mestre do Cavaquinho", a Todamérica abre a cortina do futuro e constrói a necessária ponte entre a tradição e o presente.

Dados Biográficos

por Jairo Severiano

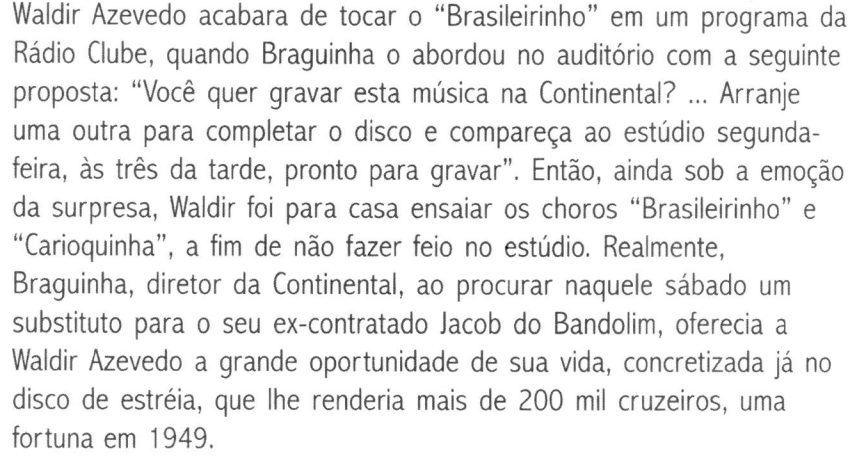

Waldir Azevedo acabara de tocar o "Brasileirinho" em um programa da Rádio Clube, quando Braguinha o abordou no auditório com a seguinte proposta: "Você quer gravar esta música na Continental? ... Arranje uma outra para completar o disco e compareça ao estúdio segunda-feira, às três da tarde, pronto para gravar". Então, ainda sob a emoção da surpresa, Waldir foi para casa ensaiar os choros "Brasileirinho" e "Carioquinha", a fim de não fazer feio no estúdio. Realmente, Braguinha, diretor da Continental, ao procurar naquele sábado um substituto para o seu ex-contratado Jacob do Bandolim, oferecia a Waldir Azevedo a grande oportunidade de sua vida, concretizada já no disco de estréia, que lhe renderia mais de 200 mil cruzeiros, uma fortuna em 1949.

Filho do funcionário da Light Walter Azevedo e de sua mulher Benedita Azevedo, Waldir nasceu no dia 27 de janeiro de 1923, no bairro carioca de Piedade. Vivendo a infância de um menino suburbano, fez o curso primário numa escola particular e o ginasial nos colégios Assunção e São Bento. Por esse tempo, a família queria que ele fosse padre, hipótese firmemente rejeitada pelo garoto, que pretendia ser aviador quando crescesse. Waldir chegou a se preparar para a aviação militar, na época um setor do Exército, tendo sido reprovado no exame médico, em razão de um problema cardíaco. Seu interesse pela música começou a se manifestar quando ele tinha dez anos. Um vizinho, conhecido por Marreco, apareceu com uma flautinha metálica, bem rudimentar, desejada e logo comprada pelo futuro instrumentista. O dinheiro da transação, dois mil réis, foi obtido com a venda de uns passarinhos na feira do Engenho de Dentro. Com essa flautinha, o menino Waldir faria sucesso num carnaval, no Jardim do Méier, tocando a marchinha "Trem Blindado", de Braguinha.

Nos anos da adolescência, ele passou a se dedicar a instrumentos de corda, aprendendo sucessivamente a dominar o bandolim, violão, violão-tenor, banjo e por fim... o cavaquinho, este somente em 1943, quando resolveu tentar a sorte no programa Calouros OK, da Rádio Guanabara. Tentou, ganhou o primeiro lugar - interpretando o choro "Cambucá", de Pascoal de Barros - e ainda recebeu um convite para integrar o Regional de César Moreno, que atuava na Guanabara e na Mayrink Veiga. Assim, no sábado seguinte, estreava substituindo o colega que trocara o cavaquinho pelo contrabaixo, transferindo-se para o Conjunto Milionários do Ritmo. Um ano antes de tocar com César, Waldir teve uma rápida passagem por um grupo vocal, o Águias de Prata, atuando como cantor e violonista. Esse grupo chegou a se apresentar no Copacabana Palace, tendo gravado em 23 de dezembro de 1942 um disco na Victor, com a marcha "Manoeis e Marias" e o samba "Somente aquela mulher".

Em 1944, Waldir complementava seus parcos rendimentos de músico trabalhando na Light em um emprego arranjado pelo pai. O serviço oferecia a vantagem de ser externo, sem a exigência de horário rígido. Foi em maio desse ano que ele conheceu a jovem Olinda Barbosa, com quem se casaria oito meses depois, no dia em que completou 22 anos.

O casal estava em plena lua-de-mel, quando o noivo foi convocado com urgência para um teste na Rádio Clube. O fato era que Benedito Lacerda deixara a emissora e o diretor Renato Murce havia incumbido o violonista Dilermando Reis de organizar um novo regional.

Aprovado imediatamente, o cavaquinista assumiu o posto com grande satisfação, pois a rádio lhe oferecia o dobro do que ganhava na Light. Dando preferência à atividade de solista, Dilermando ficaria pouco tempo à frente do conjunto, passando o encargo a Waldir.

Exercia ele essa função quando recebeu a citada visita de Braguinha, naquela tarde de 1949. O diretor o procurara atendendo a recomendação de dois "reis":

Dilermando e o técnico de gravação e compositor Norival Reis. Incluído no suplemento de junho de 1949 da Continental, o disco 16050 apresentando "Brasileirinho" e "Carioquinha", deslanchou no final do ano, alcançando uma vendagem excepcional, como foi dito. "Brasileirinho", o abre-alas da carreira de Waldir, é uma composição um tanto diferente dos choros da época, o que causou impacto. De andamento rápido e melodia aguda e sacudida, chama atenção principalmente por sua alegre agressividade. Foi composto em 1947, partindo o autor de um tema desenvolvido sobre a corda ré (prima) do cavaquinho. Tal como "Carioquinha", "Brasileirinho" já havia sido muitas vezes executado no rádio antes de chegar ao disco.

De 1945 a 1950, Waldir e Olinda moraram na casa dos pais de Waldir, na rua Oliveira, no Méier. Nesse período nasceram suas filhas Mirian e Marli. Com o estouro do disco inicial Waldir juntou os ganhos e reformou uma casa do sogro, na rua Jacinto, também no Méier, para onde se mudou. Além disso, adquiriu um automóvel e um apartamento no Grajaú. Começava assim uma nova era em sua vida, embora ele jamais tenha modificado a maneira simples como sempre tratou as pessoas com que conviveu.

A "Brasileirinho" seguiu-se outro sucesso estrondoso, o do baião "Delicado", lançado em dezembro de 1950. Originalmente um bolero, esta composição teve, por sugestão de amigos, seu ritmo modificado para baião, a música da moda na ocasião. Mas, a princípio, "Delicado" não despertou o entusiasmo de Waldir, tanto assim que permaneceu inédito até o dia em que ele precisou completar o disco em que gravaria "Vê se Gostas". Foi então que o colega Chiquinho do Acordeon lembrou: "por que você não grava aquele baiãozinho que me mostrou outro dia em Friburgo?". O baiãozinho, ainda sem nome, era o "Delicado", título então sugerido pelo mesmo Chiquinho. Líder absoluto nas paradas de sucesso durante o ano de 51 e um dos discos mais vendidos no Brasil na era do 78 rotações, "Delicado" tornou-se a partir de então peça obrigatória nos shows de Waldir.

Possuidor de extensa discografia, no país e no exterior, é a música mais gravada de seu repertório. Há até uma gravação da orquestra Percy Faith, que entrou para o hit parade da Cash Box, nos Estados Unidos. O curioso é que "Delicado", em sua simplicidade, não apresenta nada de extraordinário, sobressaindo-se pelo contraste de sua melodia graciosa com o ritmo forte que a sustenta.

O terceiro grande sucesso de Waldir Azevedo foi o choro "Pedacinhos do Céu", que, lançado em maio de 1951, manteve-se em evidência até o ano seguinte. Uma de suas mais elaboradas composições, "Pedacinhos do Céu" era a sua preferida, tendo sido feita em homenagem às filhas, então com seis e três anos e meio de idade. O prestígio de Waldir como compositor e instrumentista chegou assim ao auge em 1951, quando começou a ser constantemente requisitado para temporadas no Brasil e outros países como a Argentina, onde esteve várias vezes, e a Venezuela. Há ainda uma participação como figura principal na 5ª Caravana Oficial da Música Popular Brasileira, patrocinada pelo Ministério do Exterior, que realizou espetáculos na Europa e Oriente Médio em 1963.

Dessas excursões há dois fatos pitorescos que o artista jamais esqueceu: o primeiro, em Buenos Aires, quando fãs entusiasmados rasgaram sua roupa e o segundo, a descoberta nos confins do Oriente de uma caixinha de música que tocava o "Delicado". Desde os tempos da rádio, Waldir manteve, na medida do possível, um núcleo de músicos que o acompanhariam pela vida afora, em shows e gravações, como os violonistas Jorge Santos e Francisco Sá, o pandeirista Moacir Machado Gomes e os contrabaixistas Sílvio, Gugu e Dalton Vogeler.

Embora sem lançar grandes sucessos como na década de 50, Waldir continuava a gravar regularmente na Continental, quando, em janeiro de

1964, perdeu a filha mais velha, Mirian, num desastre de automóvel. Pianista e muito chegada ao pai, Mirian o assessorava no planejamento de seus discos e espetáculos. Em conseqüência da tragédia, Waldir entrou num processo de depressão, em que se desinteressou pela carreira, só voltando à música em 1967, quando gravou um LP pela London. No final deste ano, ele concederia um depoimento ao Museu da Imagem e do Som, sendo entrevistado por Almirante, Braguinha e Ricardo Cravo Albin. Na ocasião, teria a oportunidade de explicar detalhes de sua técnica de solista de cavaquinho, com a mão direita solta, o que amplia a sonoridade do instrumento.

Em outubro de 1971, Waldir e Olinda foram morar em Brasília, onde vivia sua filha Marli, casada com um funcionário do Banco Central. Na capital do país, o casal residiu inicialmente na Quadra 302 Sul, mudando-se depois para uma confortável casa no Lago Sul, com piscina e amplo terreno gramado. Uma tarde, nessa casa, num momento de distração, ele sofreu um acidente que quase ocasionou o fim de sua carreira como instrumentista: uma máquina de cortar grama decepou-lhe a ponta do dedo anelar da mão esquerda. Felizmente, graças à perícia de um médico, o Dr. José Aristeu, o pedaço do dedo, recolhido por Olinda no jardim, foi implantado e, após penosa e demorada recuperação, Waldir voltaria a tocar. O fato serviu de estímulo para que recuperasse o interesse pela música. Então, a partir de 1974, passaria a enturmar-se com os chorões brasilienses, tornando-se figura obrigatória nos eventos do Clube do Choro. Chegou mesmo a realizar, ainda em 74, um recital de grande sucesso na Sala Martins Pena e Teatro Nacional de Brasília, que marcou sua volta ao palco.

No final dos anos 70, Waldir tomou parte de diversos projetos ligados ao choro como os festivais da TV Bandeirantes, o Choro na Praça, o Seis e Meia, além de aparições em programas de televisões, tendo composto vários choros com amigos de Brasília, entre os quais o violonista Hamilton Costa.

Em novembro de 1979 realizou-se no Teatro Municipal de São Paulo um espetáculo em sua homenagem, no qual se comemorou o trigésimo aniversário de "Brasileirinho". Desse espetáculo participaram, além do homenageado, convidados ilustres como Paulo Moura, Paulinho da Viola e Ademilde Fonseca, entre outros. Foi o seu último momento de glória no palco. Em 20 de setembro de 1980, ele morreria no Hospital da Beneficência Portuguesa, em São Paulo, em conseqüência da ruptura de um aneurisma na aorta abdominal.

Wladir Azevedo deixou cerca de 160 composições, sendo

Waldir com as filhas Mirian, Marli e a esposa, Olinda.

À esquerda, os netos Eduardo e Fernando, hoje formados em engenharia e medicina, respectivamente.

151 editadas pelo grupo Todamérica. Além dos mega-sucessos "Brasileirinho", "Delicado" e "Pedacinhos do Céu", há várias outras de primeira qualidade, entre as quais "Arrasta-pé", "Carioquinha", "Cavaquinho Seresteiro", "Cinema Mudo", "Vê se Gostas" e "Apertando Eu Chego Lá".

Cavaquinho Seresteiro

Choro

Waldir Azevedo

Brasileirinho

Choro

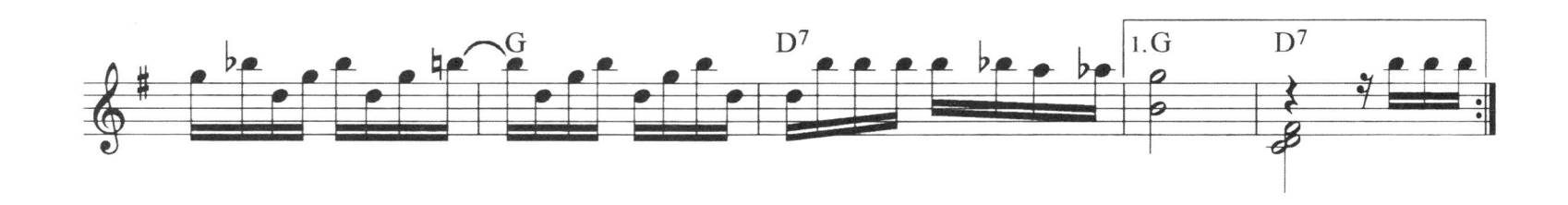

Waldir Azevedo

Cm
D7
1. E♭/G
D/F♯
D7
Gm
A7
D7
E♭/G
D/F♯
D7
2. A♭7
G7
Cm
Gm
A7
D7
Gm
D7/13
Do 𝄋 ao 𝄌
G
D7
G

Contraste
Choro canção

Waldir Azevedo e
Hamilton Costa

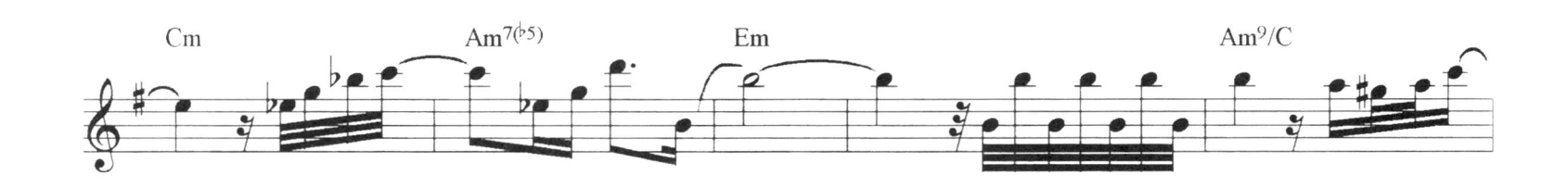

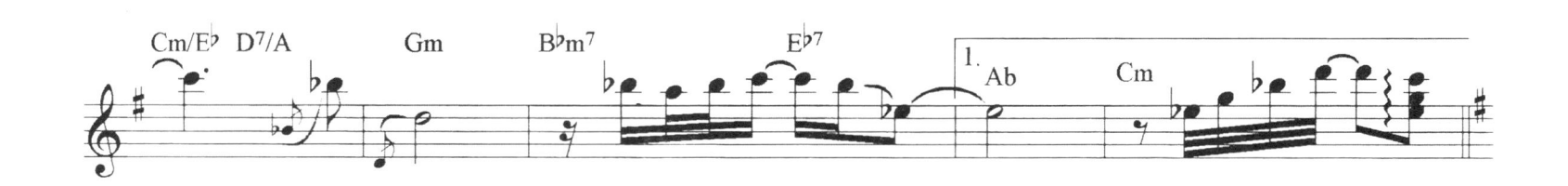

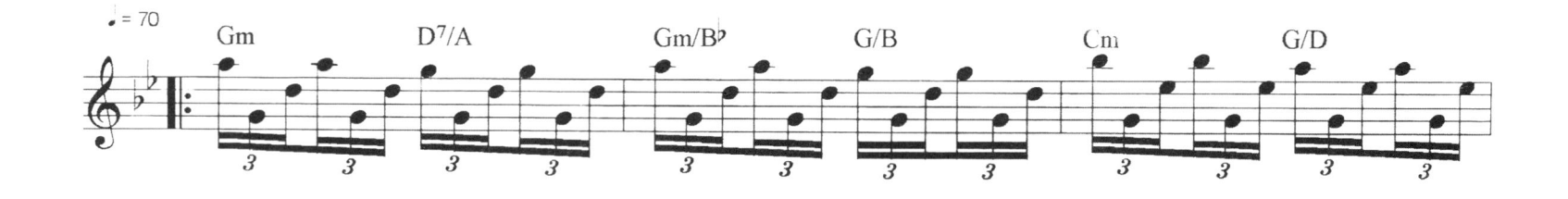

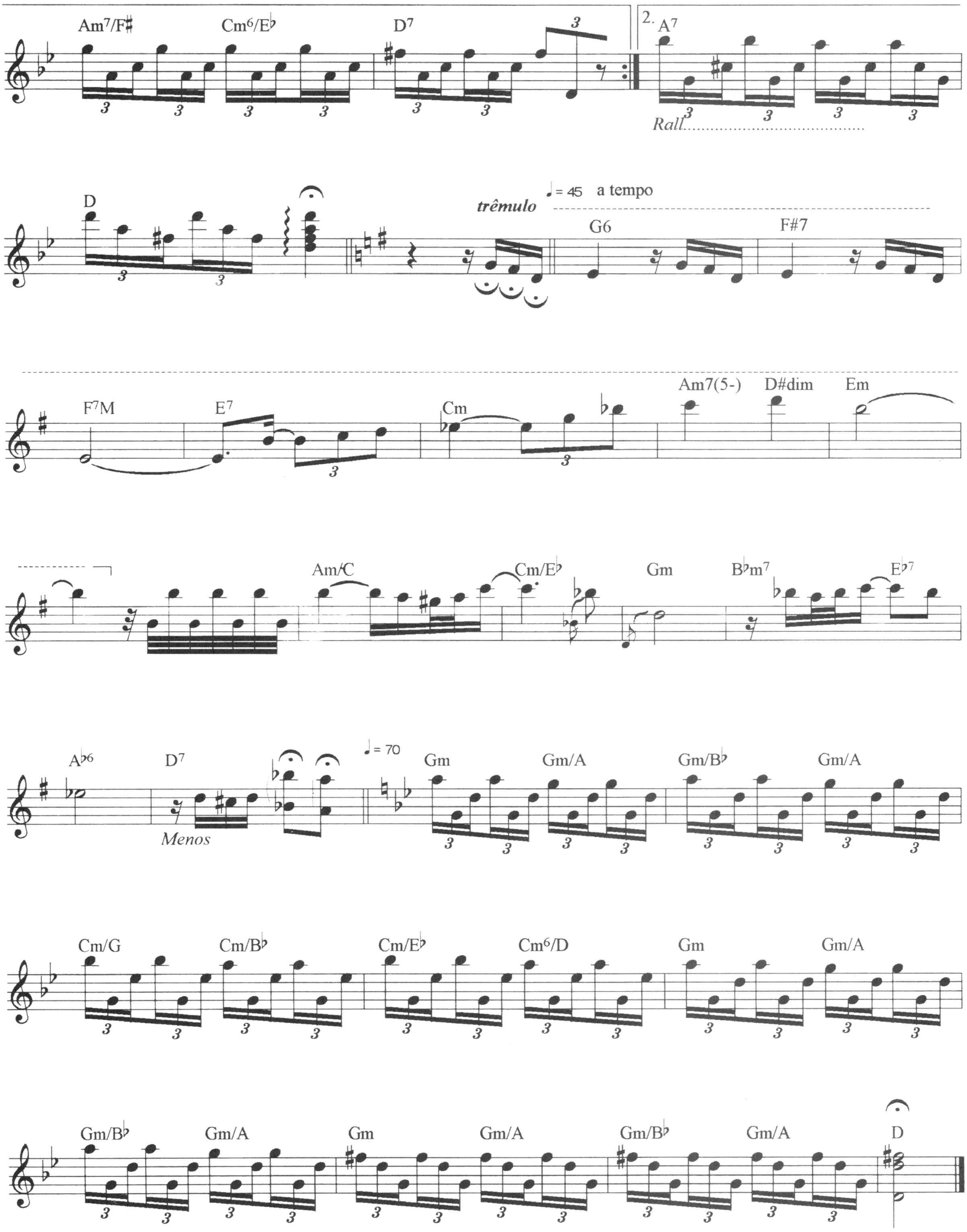
Am7/F♯
Cm6/E♭
D7
2.
A7
Rall.
D
trêmulo
♩= 45 a tempo
G6
F#7
F7M
E7
Cm
Am7(5-)
D#dim
Em
Am/C
Cm/E♭
Gm
B♭m7
E♭7
A♭6
D7
Menos
♩= 70
Gm
Gm/A
Gm/B♭
Gm/A
Cm/G
Cm/B♭
Cm/E♭
Cm6/D
Gm
Gm/A
Gm/B♭
Gm/A
Gm
Gm/A
Gm/B♭
Gm/A
D

Camundongo
Choro

Waldir Azevedo

© Copyright 1951 by EDITORA MUSICAL BRASILEIRA LTDA - Rio de Janeiro - Brasil -
Todos os direitos autorais, execução, tradução e arranjos reservados para todos os países -
ALL RIGHTS RESERVED.

Am
Em
F♯m7(♭5)
B7
Em
D.S. al Coda
Coda
C
Dm
G7
C
C
C7
F6
C
Dm
G7
C
D
D7
G
D7
G
D7
G
Bm
F♯7
Bm
D7
G
D7
G
G7
C
C♯dim
D7
D7
G
G
D7
G

Delicado
Baião

Waldir Azevedo

Dm
Dm6
E7
Am
A7
Dm
Dm6
E
E7
Am
Am6
B7
E7
Am
Dm
Dm6
E7
Am
B7
E7
Am
Ao
e
A
Dm6
E
E7
A(add9)

Frevo da Lira

Waldir Azevedo e
Luiz Lira

D7
G
D7
G
D7
G
Gm
D7/A
D7
E♭
D7
A♭7
G7
Cm
1.
A7
D7
2. Cm
Gm
D7
Gm
D.S. al Coda
Coda
G
Am
D7
G
G7M(9)

Cinema Mudo
Choro

Waldir Azevedo e
Klécius Caldas

♩ = 65

Eu vi um fil-me de car-li-tos que por mui-to tem-po me dei-xou pen-san-do Vol-tei aos tem-pos de cri-an-ça dan-do gar-ga-lha-das e de-pois cho-ran-do Na te-la do ci-ne-ma mu-do e le di-zi-a tu-do só pe-la ex-pres-são Go-zan-do o mun-do a-que-le va-ga-bun-do foi lá no fun-do do meu co-ra-ção Vo-cê que é to-do po-de-ro-so vi-ve des-gos-to-so pois quer mui-to mais Ar-ran-je su-a ben-ga-li-nha, seu cha-péu de co-co e o-lhe um pou-co pra traz_____ Din-hei-ro só lhe deu von-ta-de de ter mais din-hei-ro e mui-to mais car-taz Mas a fe-li-ci-

© Copyright 1999 by TODAMÉRICA MÚSICA LTDA - Rio de Janeiro - Brasil -
Todos os direitos autorais, execução, tradução e arranjos reservados para todos os paises -
ALL RIGHTS RESERVED.

A7 To Coda D7 G/B Am7 D7
-da - de vo - cê não tem e nem a paz O céu
G B7 Em
o que se - rá? o céu
G7 Dm7 G7 C
on - de_é que_es - tá? Num bar - ra- cão de zin - co_ou na ma - ior man -
Cm6 D7 G/B G♯dim D7/A
são Só sei que_es - tá___ em nos - so co - ra - ção
D7 G B7
A - mor sem ter vin - tém, din - hei
Em G7 Dm7 G7
- ro sem nin - guém Pa - ra es - co -
C Cm6 G E7
lher a gen - te tem que ter Tem - po_e ca - be - ça pa - ra me - di - tar Que_as coi - sas bo - as des - ta
Am D7 G D7 D.S. al Coda
vi - da nin - guém po - de - rá com - prar Eu vi
Coda D7 Gm Cm6 Gm
tem e nem a paz

Flor do Cerrado

Choro

Waldir Azevedo

Gm
C7
F6
Dm
B♭7
A7
Dm
Em7
A7
D
Fdim7
Em7
1. A7
2. A7
D7
G
E7
Gm/B♭
A7
D
Fdim7
Em7
A7(♭9)
Dm
D7
Ao 𝄋 e 𝄌
Dm
Rep ad lib
Dm

Minhas Mãos, Meu Cavaquinho
Choro

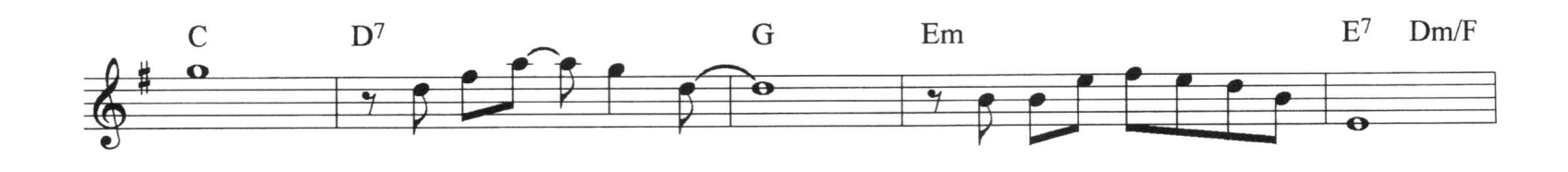

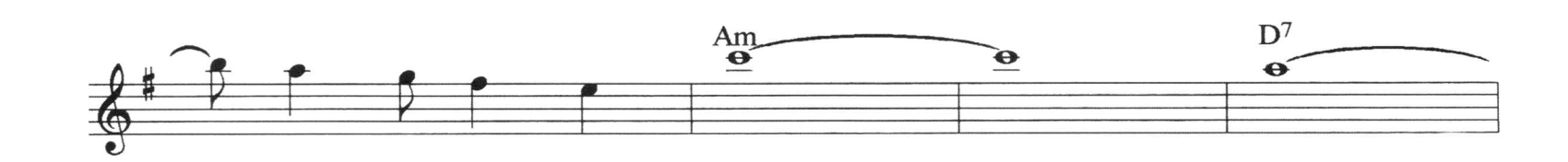

Waldir Azevedo

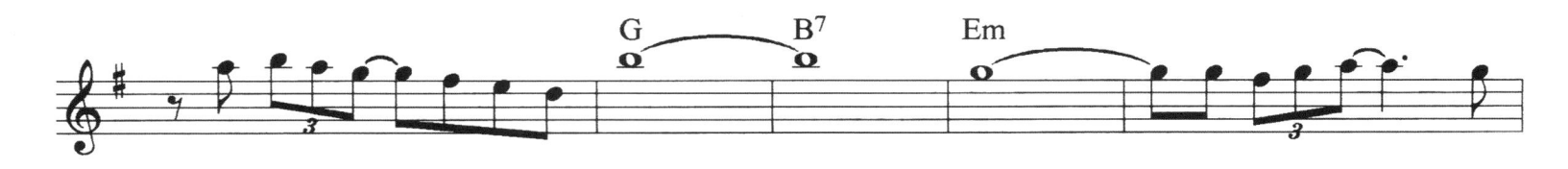

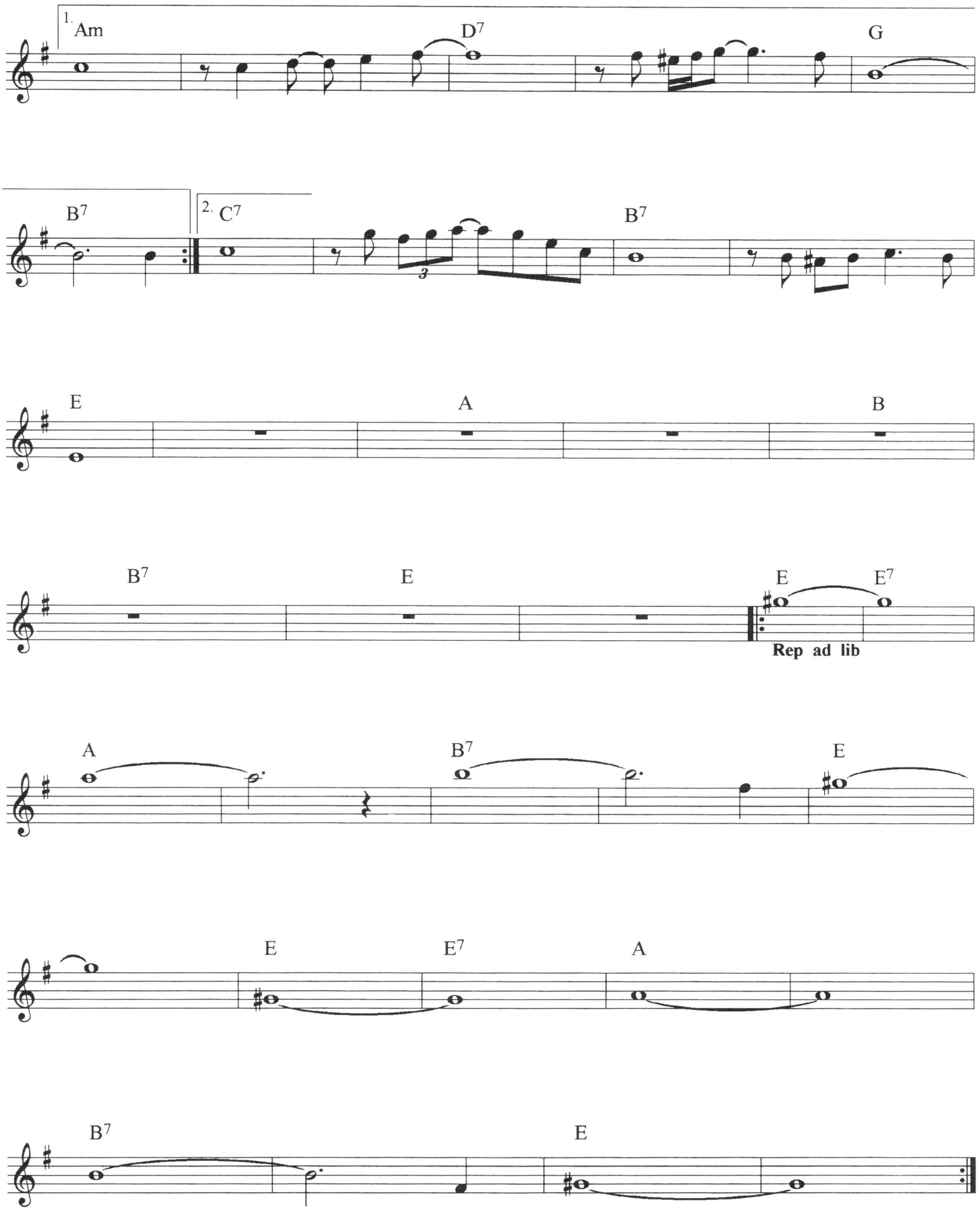
1.
Am
D7
G
B7
2.
C7
B7
E
A
B
B7
E
E
E7
Rep ad lib
A
B7
E
E
E7
A
B7
E

Não há de ser nada

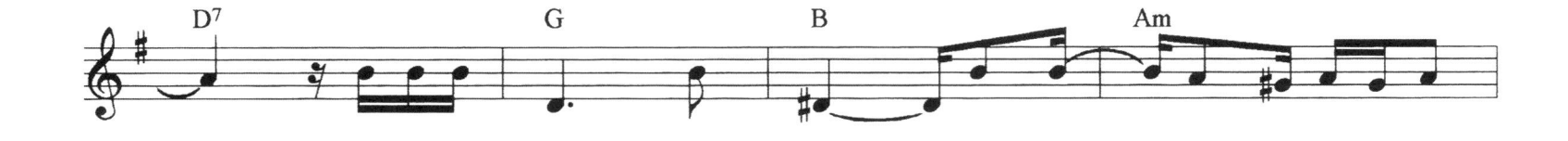

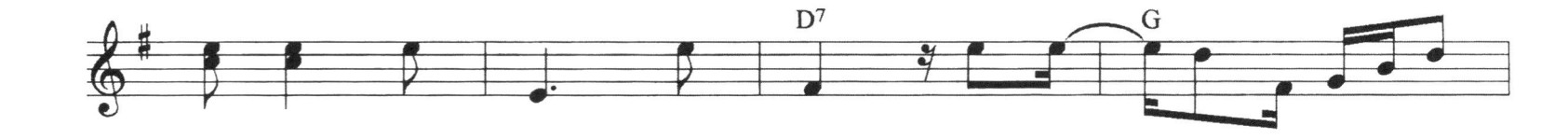

Choro

Waldir Azevedo

Am Cm Cm/E♭ G/D
E♭7 D7 G C
E7/B Gm6/B♭ A7 D7
G7 C B7(5+) B7 Em Em7M
Em7 B7(9-) Em
B Em Em/D♯ G/D G7
C E7 Am A7
A♭7 G7 C D7
Ao 𝄋 e ⊕
G G7M

Chiquita
Valsa

Waldir Azevedo

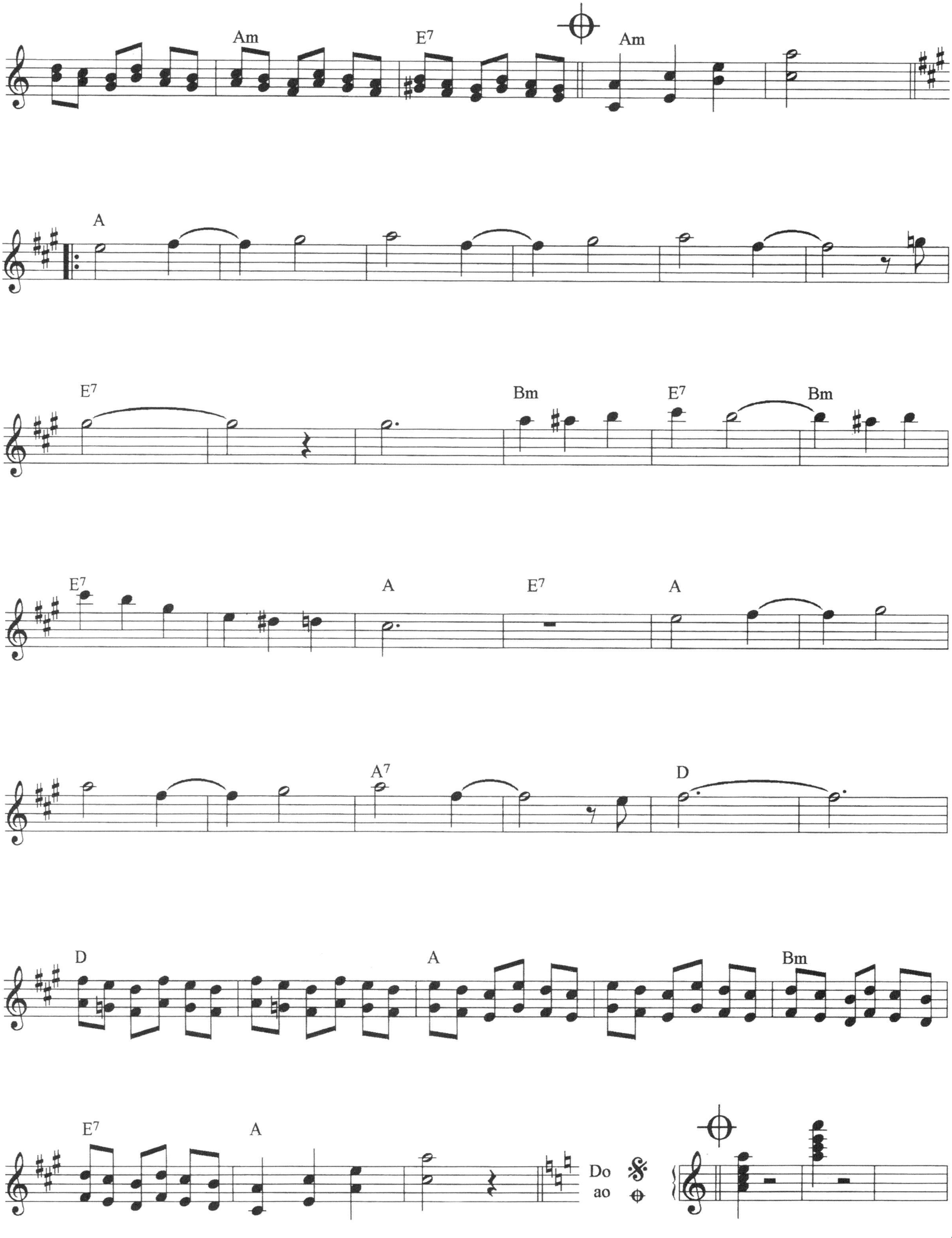

Am
E7
Am
A
E7
Bm
E7
Bm
E7
A
E7
A
A7
D
D
A
Bm
E7
A
Do
ao

Quitandinha

Choro

Waldir Azevedo e
Salvador Miceli

33

Sentido

Choro

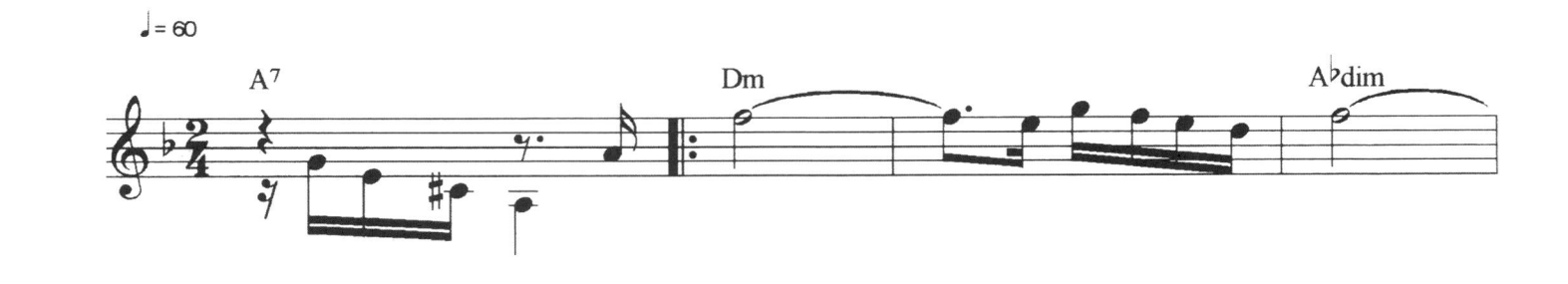

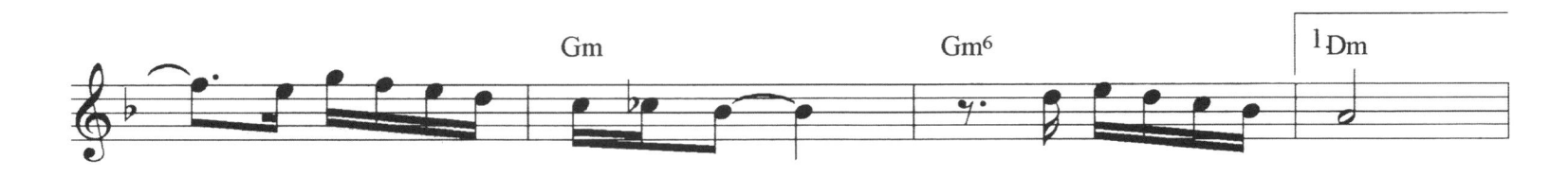

Waldir Azevedo

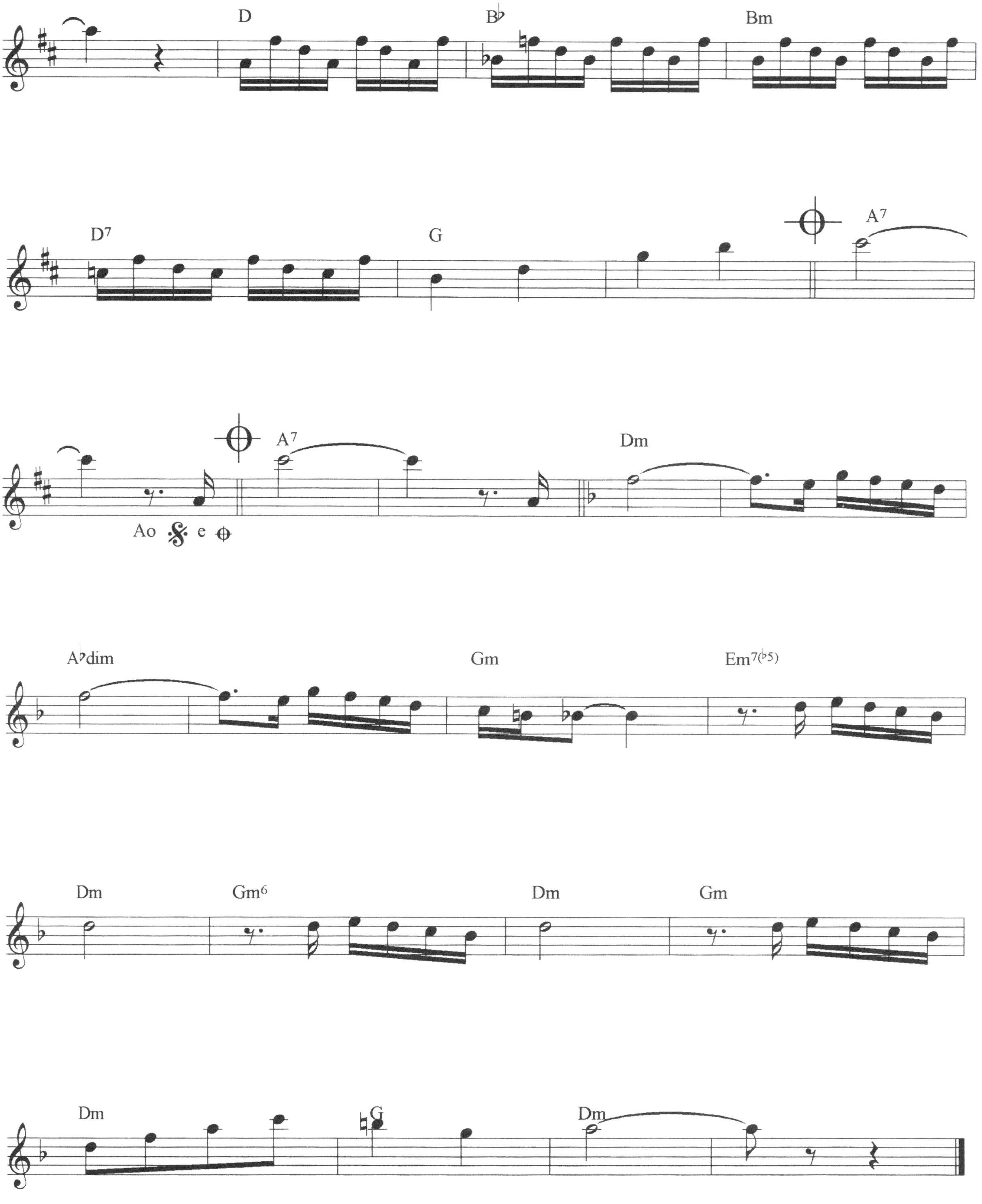
D
B♭
Bm
D7
G
A7
A7
Ao 𝄋 e 𝄌
Dm
A♭dim
Gm
Em7(♭5)
Dm
Gm6
Dm
Gm
Dm
G
Dm

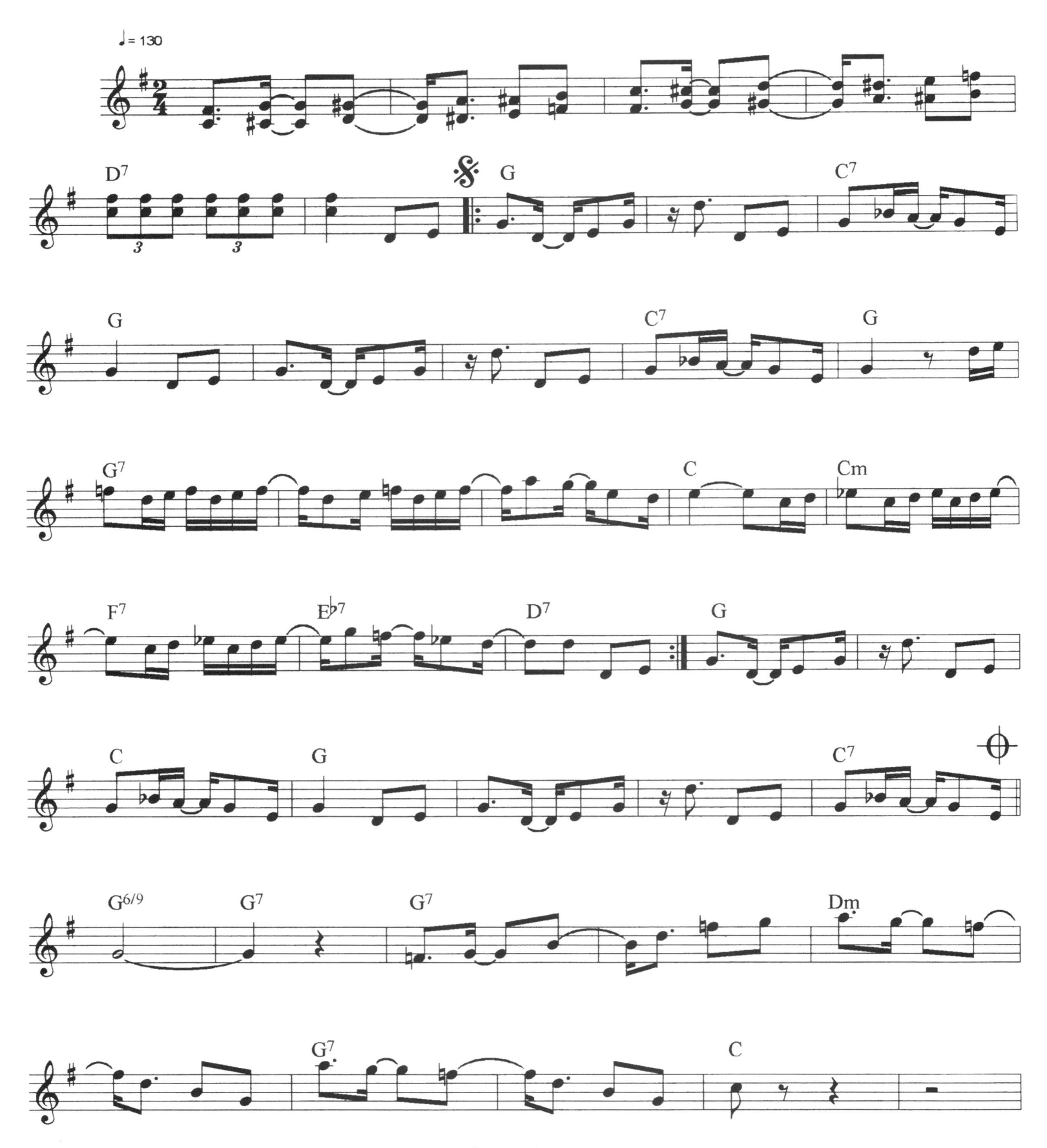

Sobe e desce
Choro

Waldir Azevedo

A7
Em
A7
D7
D7
Ao 𝄋 sem rep e 𝄌
G
♩= 80
G7
C
A7
♩= 130
D
D
Ao 𝄋 sem rep e 𝄌2
G
C7
G
C7
G
C7
G

Pedacinhos do céu
Choro

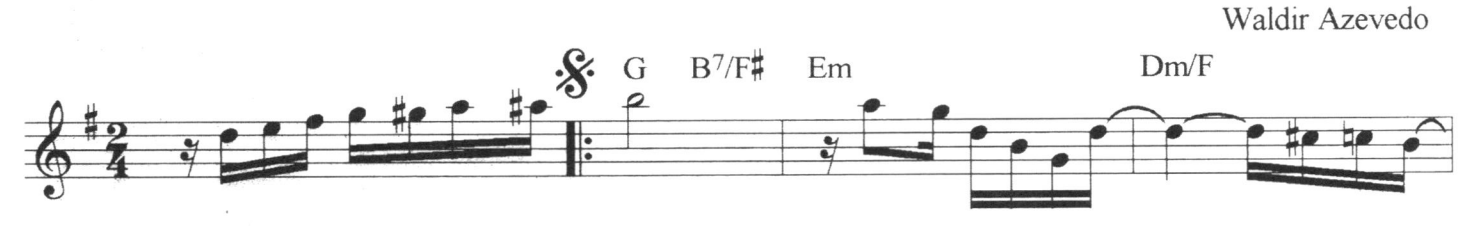

Waldir Azevedo

Cm6 G E♭7 D7 G
B7 Em B7 Em F♯m7(♭5)
B7 Em Em/C♯ Em/D Em/C♯ C7
B7 Bm7(♭5) E7
Am 1. F♯7
B7 2. Am Am/F♯ Em
Am/C B7 Em E♭7 D7 Ao e G

Vê se gostas
Choro

Waldir Azevedo e
Octaviano Pitanga

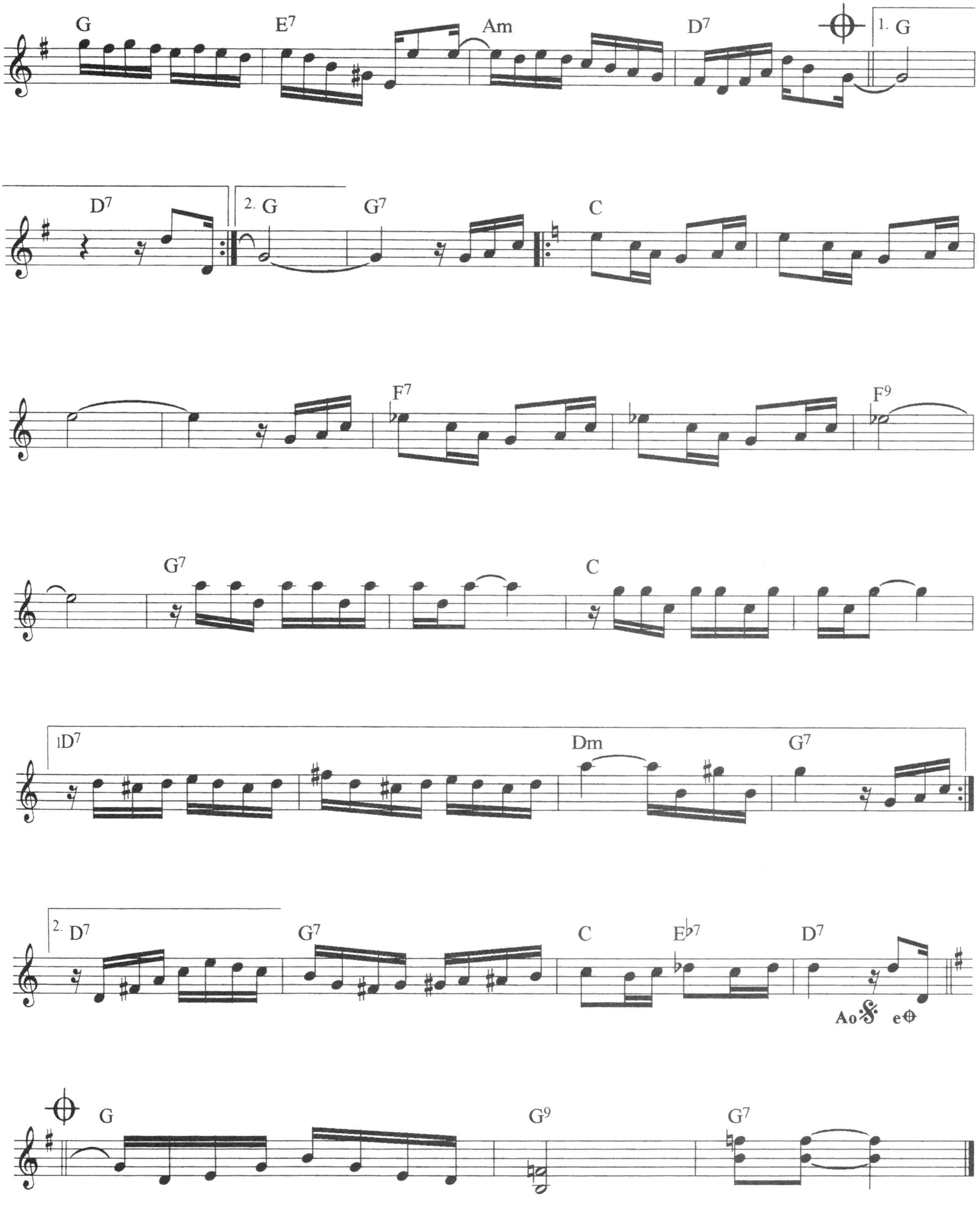
G E7 Am D7 1. G
D7 2. G G7 C
F7 F9
G7 C
1D7 Dm G7
2. D7 G7 C E♭7 D7
Ao 𝄋 e Φ
G G9 G7

Você, Carinho e Amor
Valsa

Waldir Azevedo

G7 C/E D♯7 D D/C
1. G D7/A D7 G
Am D7
Rall
2. G
Cm G G7(5+)
cadencia
Rall
♩ = 80
C Em
trêmulo
F G7 Gm6/B♭ A7 Dm
G7 C Am Em
a tempo
B7 Em F F♯dim G7 C Am
Rall
trêmulo
Em F G Gm6/B♭

A7 Dm G7 C Am7
Pisc
Dm G7 C D
cadencia
Allegro
♩= 280
G G/B
Am D D7/C D
G G G/B
Am D/F♯ D D/F♯
1. G
2. G G/B
D/A D G G/B
D7/A D7 G D7 G